AF591199

LE SELF-GOVERNMENT

OU

LA DÉCENTRALISATION

PAR

ALFRED GUIGNARD,

TRÉSORIER DE LA LIGUE NATIONALE DE DÉCENTRALISATION

PARIS

LIGUE NATIONALE DE DÉCENTRALISATION

3, rue de Bourgogne.

1897

LE
SELF-GOVERNMENT
OU
LA DÉCENTRALISATION

PAR

ALFRED GUIGNARD,

TRÉSORIER DE LA LIGUE NATIONALE DE DÉCENTRALISATION

PARIS
A LA LIGUE NATIONALE DE DÉCENTRALISATION
3, rue de Bourgogne.

1897

INTRODUCTION

Ne voulant pas me parer de la peau du lion, je déclare tout d'abord que cette courte étude n'est pas de moi. Je n'ai d'autre mérite, en vue de répandre dans le public les idées si peu connues de la Décentralisation, que d'avoir condensé, en quelques pages, les principes généraux du *Self-Government local* qui ont été proclamés par nos plus célèbres publicistes.

Tous ont reconnu, — et l'impuissance à laquelle le Parlement est condamné depuis vingt ans en a donné une nouvelle preuve, — que la Centralisation administrative est incompatible avec le régime parlementaire dont elle fausse les rouages et paralyse le fonctionnement.

Ils ont montré que la liberté politique, sans les libertés communales et provinciales, était illusoire; car un peuple qui ne se gouverne pas lui-même et abandonne ce soin à la bureaucratie, ne possède pas la vraie liberté et ne peut surtout en apprendre l'usage. Ils ont prouvé enfin que la Décentralisation est le seul moyen d'empêcher le gaspillage des ressources de l'impôt et de restaurer nos finances.

« Avec la Centralisation, a dit M. Adolphe Prins, les citoyens sont tous égaux, cela est vrai, mais tous également impuissants. Ils sont tous libres, mais totalement incapables de se servir de la liberté. Au lieu d'un faisceau résistant de collectivités, il n'y a qu'une agglomération d'individus sans liens, sans cohésion, sans attache, avec un centre quelconque. Ils ont le pouvoir de tout critiquer, ils sont incapables de rien créer. C'est le chaos, le néant, l'impuissance ».

On ne peut décrire en moins de mots, et avec plus de précision, la situation de la France contemporaine, telle que nous l'ont faite les institutions administratives de l'an VIII.

Etrange destinée! La France, qui a affranchi toutes les autres nations par la puissance de ses idées et la force de ses armes, est la seule qui ne soit pas encore en possession des libertés qu'elle a répandues sur le monde.

« Vainqueurs des rois, a dit Proudhon (1), il a fallu une croisade des nations pour nous ramener à nos propres principes; refoulés par cette même révolution que nous avions déchaînée sur le monde, nous sommes rentrés dans nos foyers sans la moindre intelligence de notre œuvre; nous avons laissé déchirer notre pacte comme une vieille cocarde et nous sommes rentrés fruits secs. Tandis que les nations émancipées par nos armes grandissent à l'ombre des libertés que nous leur avons faites, mécontents de nous-mêmes et des autres, nous en sommes à déclamer contre les traités de

---

(1) Actes du futur Congrès.

1815, rêvant de la frontière du Rhin et de la revanche de Waterloo... »

En dépit de la chute du deuxième Empire et malgré l'avènement de la troisième République, nous sommes peut-être encore plus « fruits secs » qu'à l'époque où Proudhon écrivait ces lignes. Or, il faut le dire bien haut, il nous paraît qu'un siècle après la révolution qui a émancipé les peuples, il est temps de mettre un terme à l'état d'infériorité dans laquelle la France se trouve vis-à-vis des autres nations, et de jouir à notre tour des libertés que nous leur avons faites.

« La Centralisation, a dit Augustin Thierry, est un régime de conquête, non de liberté. »

La Centralisation est, en effet, un régime autoritaire qui est la négation de la liberté et, par conséquent, du régime républicain. La République n'existera donc en fait, dans notre pays, que le jour où l'on aura réglé l'organisme complet de nos institutions politiques sur la base des principes que nous exposons, comme l'ont fait les Anglais, les Suisses, les Américains, les Belges et la plupart des autres nations qui doivent à la pratique du *Self-Government local* leur grandeur et leur prospérité.

Pour comprendre la nécessité d'appliquer ce système de gouvernement, il suffit de jeter les yeux sur l'histoire du siècle qui vient de s'écouler : Assemblées, Républiques, Empires, Royautés légitimes ou constitutionnelles, tout s'est effondré, et le gouvernement actuel a failli sombrer lui-même, dans les circonstances qu'on n'a pas encore oubliées, sous les entreprises d'un général factieux auquel le courage seul a manqué pour accomplir son œuvre de destruction.

Une seule chose reste éternellement debout : ce sont les principes de 1789. Se décidera-t-on enfin à les appliquer comme l'ont fait tous les peuples qui, à l'appel de la France révolutionnaire, se sont affranchis du joug de leurs anciennes servitudes?

Comprendra-t-on enfin que, pour être sortis de la voie qui nous a été tracée par les hommes de 1789, nous avons subi dix-huit constitutions ou actes additionnels (1), trois révolutions, deux coups d'Etat et trois invasions? que nous avons une dette qui atteint trente-cinq milliards, et que notre armée, notre marine et l'administration coûtent annuellement plus de deux milliards?

Pour compenser ces désastres inouïs et ces dépenses fabuleuses, nous ne jouissons même pas des libertés que nous avons données à nos voisins; nous ne possédons ni les libertés communales et départementales, ni la liberté de réunion et d'association. Au lieu d'être libres, nous subissons le joug le plus honteux et le plus humiliant, celui de la bureaucratie, c'est-à-dire du servilisme et de la médiocrité. A la place du régime de liberté qui nous a été légué par nos pères de 1789, nous n'avons, en dépit de son étiquette, qu'un gouvernement autoritaire indigne d'une nation qui a donné à toutes les autres le signal de l'affranchissement.

« Il existe », a dit M. Joseph Ebor, « deux espèces

(1) 3-14 septembre 1791; 24 juin 1793; vendémiaire an II; 5 fructidor an III; 19 brumaire an VIII; 22 frimaire an VIII; 16 thermidor an II; 18 mai 1804; 9 août 1807; 4 juin 1814; 22 avril 1815; 6 août 1830; 4 novembre 1848; 2 décembre 1851; 14 janvier 1852; constitution Rivet; constitution du septennat; constitution du 25 février 1875.

de gouvernements autoritaires : celui régi par le despotisme personnel et celui par le despotisme légal.

« Dans le premier, les trois pouvoirs et l'administration sont réunis. Le souverain nomme, révoque les fonctionnaires et apprécie leurs actes et leur responsabilité.

« Les principaux caractères distinctifs du second sont : les trois pouvoirs sont séparés, mais plutôt de nom que de fait. La loi est souveraine ; elle crée le droit. L'un des pouvoirs cumule ou domine les autres. La pluralité de juridiction existe ; la légalité des actes administratifs, c'est-à-dire les contestations entre les gouvernants et les particuliers, est appréciée par leurs auteurs, leurs supérieurs ou les délégués de ces derniers. L'autorité agit et pense pour tous ; elle ne peut être entravée dans ses actes (1) ».

Ce sont bien là les défauts qui caractérisent le gouvernement actuel et qu'il faut corriger en faisant disparaître les derniers vestiges des institutions de l'an VIII créées pour l'exercice du despotisme. On a pu se convaincre que, quelles que soient les opinions des hommes qui ont fait mouvoir l'engrenage administratif, il a toujours eu pour résultat d'étouffer les initiatives, de froisser les intérêts et de paralyser les libertés. Les nombreux ministres qui se sont attelés à cette ingrate besogne, sans en excepter les ministres radicaux, ont fait ressortir cette vérité avec une évidence qui devrait frapper les yeux des moins clairvoyants.

Il n'est donc plus permis d'hésiter. Il faut renoncer

(1) *Essai sur les réformes des institutions politiques de la France*, Guillaumin et Cie, 1877.

à poursuivre l'application de ce régime bâtard dans lequel on essaie vainement depuis un siècle, au prix de tant de ruines, de guerres sanglantes et de révolutions, de combiner des instruments de tyrannie avec des institutions libres. S'obstiner dans cette voie serait une odieuse trahison envers la Patrie.

L'agitation qui s'est produite en 1888 accusait un mécontentement qui existe encore et dont il serait dangereux de méconnaître la signification; or, nous ne voyons qu'un moyen de calmer cette agitation et de mettre fin à ce mécontement, c'est de remplacer les institutions autoritaires par des institutions libres qui, ainsi que l'expérience l'a démontré dans les pays voisins, sont les seules qui puissent rallier sur le terrain de la République tous les amis de la liberté, tous les véritables patriotes prêts à faire le sacrifice de leurs préférences monarchiques ou de leurs idées révolutionnaires à la grandeur et à la prospérité de la France.

La pratique sincère du régime parlementaire organisé sur ses véritables bases, en le débarrassant des obstacles qui paralysent son action, aurait pour résultat infaillible de consolider la République, car elle amènerait la dissolution des partis, en ralliant autour du gouvernement la masse des gens honnêtes qu'effraient les utopies et qui détestent les commotions politiques; de tous ceux qui, en un mot, estiment que le moment est enfin venu de terminer la révolution en assurant aux Français la paisible possession des libertés qu'ils ont conquises au prix de tant de sang et de sacrifices.

Alfred GUIGNARD.

Meudon, *le 1er Juillet 1896.*

LE SELF-GOVERNMENT

OU

LA DÉCENTRALISATION

I

Il n'est question depuis quelque temps dans les journaux et dans les revues que de la *décentralisation*, mais ce mot, qui n'est pas compris, ne dit rien à l'esprit des masses électorales. Il est, de plus, souvent mal interprété par ceux qui sont au courant des questions politiques, les uns par ignorance, les autres par mauvaise foi.

Parmi ces derniers, les uns affectent de croire que les partisans de la décentralisation sont les ennemis de nos institutions et qu'ils veulent affaiblir le pouvoir pour le renverser plus facilement. Les autres prétendent que la centralisation est l'œuvre sacro-sainte de la Révolution française et qu'il faut bien se garder d'y toucher.

C'est une double erreur qu'il importe de combattre.

Tout d'abord, comme on le verra dans le cours de cette rapide étude, la *décentralisation administrative*, — car c'est l'administration du pays qu'il s'agit seulement de décentraliser, — loin d'affaiblir le pouvoir central, accroît au contraire sa force et garantit sa durée.

En second lieu, la centralisation n'est pas l'œuvre de la Révolution française. L'unité politique et nationale de la France est l'œuvre successive des rois de la troisième race et elle n'est arrivée à son apogée que sous le règne de Louis XIV : Seulement, au lieu de ne centraliser que les pouvoirs politiques, Richelieu et Louis XIV ont confisqué les libertés communales et provinciales ; ils ont commis la faute d'absorber la vie politique et administrative du pays; d'ajouter, en un mot, la centralisation administrative à la centralisation politique.

La rareté des moyens d'informations et le prestige inouï qu'eut le commencement du règne du grand Roi, empêchèrent pendant quelque temps qu'on connût et jugeât les effets de la centralisation administrative; mais des hommes éminents ne tardèrent pas à les apercevoir et à les signaler. Vauban, Saint-Simon, Boulinvilliers, les ducs de Chevreuse et de Beauvilliers, Fénelon, s'en alarmaient déjà pour la nation et la royauté elle-même. Ils prévoyaient les fruits naturels du nouveau système, que résumait ainsi un de nos publicistes les plus compétents en matière administrative :

« La noblesse, dit M. Joseph Ferrand (1), en même temps qu'elle conservait sa proéminence et ses immunités, n'eut plus à remplir, dans les affaires locales, aucun rôle, à s'y acquitter d'aucune charge, à y rendre aucun service ; elle vécut à la fois oisive et privilégiée, inutile et onéreuse. Dans ces conditions nouvelles, il était inévitable qu'elle perdît non seulement toute influence, mais qu'elle excitât l'envie, la haine, presque le mépris.

« La bourgeoisie, déchue, elle aussi, du maniement journalier de ces mêmes affaires, n'entra plus en rapport assidu ni avec la noblesse, ni avec le peuple ; elle fut réduite en général à n'avoir d'autre objectif et d'autre aliment que la poursuite ou la jouissance de la fortune. Elle cessa d'être, dans l'État, une force intermédiaire, particulièrement destinée à rapprocher, à unir les autres classes.

« Enfin, le peuple lui-même, à qui jusqu'alors la paroisse ou la commune avaient été si chères, qui avait tant de fois prodigué pour elle ses sueurs et son sang, apercevant que ce berceau de son émancipation n'était plus la chose de tous, mais celle du subdélégué ou de l'intendant, s'en écarta, le délaissa, et ne ressentit désormais qu'avec plus d'amertume et de colère les abus dont il était victime.

« Ainsi, la nation, dans son ensemble, appre-

(1) *Les institutions administratives de la France et de l'Etranger,* Paris, Guillaumin et Ce.

nant à être inconsciente et ignorante du bien public, se divisa, se nivela, fut privée de tout ce qui pouvait répandre, dans ses divers rangs, des vues communes, la concorde, la solidarité, le civisme et le patriotisme. »

Ce tableau de la France d'avant la Révolution n'offre-t-il pas absolument aujourd'hui le même aspect ? Cependant, sous l'ancienne monarchie, toutes les libertés locales n'avaient pas été supprimées. Il en restait partout des vestiges, notamment en Bourgogne, dans la Provence, en Languedoc, en Bretagne et dans d'autres provinces. La généralité de Nancy, qui comprenait les deux anciens duchés de Lorraine et de Bar, c'est-à-dire le département actuel des Vosges et une partie de la Meurthe, de la Meuse et de la Moselle, jouissait de certains privilèges, et entr'autres de la liberté illimitée du commerce. Aussi, y remarquait-on une aisance très supérieure à celle d'autres provinces plus anciennement réunies ; la modicité des impôts y avait produit un bon marché général. La livre de Lorraine n'était que les trois quarts de la livre de France, et une différence analogue se trouvait dans le prix de toutes choses (1).

Aujourd'hui, tous ces vestiges de libertés locales ont disparu. La France entière est courbée sous le joug du pouvoir central. La centralisation administrative, contre laquelle

(1) *Les Assemblées provinciales sous Louis XVI*, par Léonce de Lavergne.

s'est faite la Révolution française, est plus forte que celle de l'ancien régime Elle est surtout plus humiliante, car elle nous donne pour maîtres les fonctionnaires. « Un peuple qui possède à la fois la liberté et la centralisation, a dit à ce sujet M. Joseph Ferrand, s'il s'est donné en outre le suffrage universel, ne peut plus être gouverné d'en haut, et il ne peut davantage se gouverner lui-même. Il n'est plus gouverné que par la bureaucratie, le pire de tous les gouvernements. »

Si Louis XIV a pu prononcer autrefois cette humiliante parole pour un grand peuple : « L'État, c'est moi ! » combien plus humiliante encore est pour la France cette pensée qu'aujourd'hui l'État, c'est la bureaucratie ; le trône du roi Soleil est remplacé par un rond de cuir !

Sous le funeste règne de Louis XV, on n'entendit que la voix du marquis de Mirabeau qui, dans une brochure célèbre, demandait le rétablissement des États provinciaux; mais, sous le règne suivant, les libertés confisquées furent réclamées de toutes parts, et beaucoup furent accordées par le malheureux Louis XVI.

Nous n'en ferons pas un historique qui dépasserait de beaucoup les bornes de notre étude; nous renvoyons nos lecteurs au beau livre que M. Léonce de Lavergne a consacré aux Assemblées provinciales, et dans lequel il énumère les bienfaits qui s'en sont suivis, et ceux qui auraient pu en résulter encore, si la Révolution française, en détruisant ces Assemblées, n'était venue porter un coup mortel aux libertés renaissantes, non pas que les hommes illustres qui ont fait cette Révolution aient détruit ces libertés de leurs propres mains. Ils ont consacré, au contraire, les libertés locales les plus étendues, trop étendues mêmes, puisque c'est l'abus, causé par l'absence du contrôle de l'État, qui en a amené la suppression, ainsi qu'en témoignent les constitutions de 1791, de 1793 et de l'an III.

Il n'est donc pas exact de dire que nos pères de 1789 ont voulu la centralisation. Ce qu'ils ont voulu, pour être dans la vérité historique, c'est, en premier lieu, de restituer aux communes et aux départements les libertés locales les plus étendues; de se garantir mutuellement, comme l'a si bien dit Augustin Thierry, des libertés trop inégalement répandues sur la surface de notre territoire. C'est, en second lieu, d'établir sur des bases solides l'unité nationale, volonté que les conventionnels résumaient plus tard dans cette formule : *la République une et indivisible*. Ils ont, en d'autres termes, décentralisé administrativement et centralisé politiquement.

C'est ce qu'ils ont voulu que nous réclamons aujourd'hui, reprenant ainsi pour notre propre compte les véritables traditions de 1789 trop longtemps mises en oubli.

II

Les autoritaires affirment que la centralisation administrative est le complément nécessaire, l'auxiliaire indispensable de l'unité politique ; qu'en la détruisant on affaiblirait la force et compromettrait l'existence du pouvoir central.

Cette affirmation est démentie par les faits.

L'organisation antidémocratique de l'an VIII est considérée, au contraire, par les publicistes les plus éminents comme absolument incompatible avec le régime parlementaire, et ils n'hésitent pas à attribuer la chute des gouvernements représentatifs qui ont été essayés en France depuis 1815 au maintien des institutions administratives du premier consul.

Si, en effet, Louis XVIII et son successeur Charles X, avaient suivi les conseils des hommes dont ils ne pouvaient suspecter l'attachement à la monarchie légitime, tels que MM. de Villèle, de Corbière, de Barante, de Kératry, Henrion de Pansey, de Martignac, etc., soutenus par Duvergier de Hauranne, Royer-Collard, Benjamin Constant et tous les membres de l'opposition modérée, affirmant que la monarchie ne pouvait se maintenir qu'en l'appuyant sur des centres de résistance, c'est-à-dire sur les libertés provinciales et communales, la Révolution de 1830 n'aurait probablement pas eu lieu, car le jour où Charles X se laissa entraîner à une erreur à jamais regrettable, ses vrais amis auraient pu arrêter la main qui signait les ordonnances. Le souverain aurait compris que derrière eux se trouvait la France tout entière ; les illusions et l'aveuglement d'un petit nombre d'hommes n'auraient point perdu la monarchie.

M. de Barante, au nom des membres de l'opposition, adressait au gouvernement ce conseil salutaire :

« Si vous voulez durer, décentralisez ; et pour décentraliser, il n'y a qu'un moyen : créer des supériorités sur lesquelles vous puissiez vous appuyer. »

On voyait là une question de vie ou de mort pour la monarchie. Les esprits clairvoyants sentaient déjà quels dangers aurait à courir la liberté s'il fallait, pour la conserver, renverser le trône et jeter la France dans la voie toujours incertaine des révolutions.

Si la centralisation est un danger de mort pour la monarchie, elle offre le même danger pour toutes les formes de gouvernement et, surtout, pour la République. Aussi le moment paraît venu depuis longtemps — puisque tous nos gouvernements sont morts de la centralisa tion, — de créer autour du pouvoir des forces nationales, étrangères à tout esprit de parti, à toute préoccupation politique pour servir au gouvernement d'assises et de sauvegarde contre le danger, toujours à craindre, de nouvelles commotions politiques.

C'est ce qu'ont demandé les auteurs du programme de Nancy, si vite oublié, malheureusement, par ceux qui, après y avoir publiquement adhéré, sont arrivés plus tard au pouvoir. La conviction des citoyens qui, à cette époque, pensaient, parlaient et écrivaient, était que le jour où toutes les personnes influentes, soit par le talent, soit par la richesse, se mettraient résolument à l'œuvre dans les départements pour apprendre quels sont leurs vrais besoins, et travailler à leur donner satisfaction, les pouvoirs politiques joueraient nécessairement un moins grand rôle dans les questions usuelles où ils n'ont que faire; qu'il se formerait par suite sur toute la surface du pays des groupes d'hommes intelligents, dévoués au bien de leurs semblables, mettant enfin toute leur ambition à y travailler d'une manière efficace.

« La vie locale, — a dit à ce sujet M. Robert de Nervo, — chargé par son grand-père, M. de Barante, de présenter au public la seconde édition de son projet de décentralisation, — la vie locale absorberait le besoin d'activité qui dévore tant de citoyens et en font des hommes d'opposition, parce qu'ils ne peuvent trouver dans le gouvernement un emploi libre et indépendant de leurs facultés. Les hommes de parti eux-mêmes, tout en regrettant le régime auquel ils sont attachés par la religion du souvenir, chercheraient avec moins d'ardeur à le ramener; cette sorte de mission à laquelle ils seraient appelés, donnerait un emploi à leur temps, leur épargnerait la tristesse de se croire inutiles à leur pays, les rapprocherait en mille occasions d'un gouvernement qu'ils apprendraient à connaître, et qui pourrait à la longue se faire aimer d'eux. »

Ce que l'auteur de ces lignes croyait possible avec le gouvernement impérial, — opinion qui, vers la même époque, était reproduite en des termes presque identiques par M. Édouard Laboulaye, — est beaucoup plus facile avec la République, qui, bien comprise, est véritablement, comme l'affirmait M. Thiers, le gouvernement qui devrait le moins nous diviser.

On retrouve cette idée, d'ailleurs, chez tous les écrivains qui ont réclamé la décentralisation ou le *Self-Government*. C'est que ce régime est le seul par lequel on puisse amener la pacification sociale si nécessaire à notre malheureux pays.

Ils ont tous exprimé, en outre, l'ardente conviction que la décentralisation, étant par excellence un instrument de progrès, ne peut que consolider sans jamais détruire. L'expérience faite à ce sujet chez nos voisins leur donne sur ce point complètement raison.

On voit, par ce qui précède, que la centralisation, loin d'affaiblir le pouvoir central, ainsi que le prétendent les autoritaires, lui assure au contraire une force et une durée qui ont toujours fait défaut aux gouvernements qui l'ont repoussée.

Le gouvernement de Louis-Philippe commit la même faute que celui de la Restauration et succomba pour les mêmes causes. Les survivants de cette époque se rappellent avec quelle stupeur la Révolution de février fut accueillie en province ; mais personne n'osa protester, et les commissaires de la République, envoyés par Ledru-Rollin, furent acceptés partout presque sans résistance. Une fois de plus, grâce à la centralisation, Paris imposait sa volonté à la France tout entière. Croit-on qu'il en aurait été ainsi avec des Assemblées provinciales répandues sur toute la surface du territoire? La décentralisation nous garantit ce suprême bienfait : c'est qu'elle nous met à la fois à l'abri des coups d'État et des surprises révolutionnaires.

M. Michel Chevalier expliquait de la façon suivante la facilité avec laquelle, sous les régimes autoritaires, les révolutions que nous avons subies ont pu s'opérer :

« Les exagérations de la centralisation sont dues à ces deux gouvernements d'un rare despotisme, la Convention et l'Empire. C'était nécessaire à la lutte qu'ils soutenaient contre toute l'Europe, et où ils s'étaient précipités de leur plein gré par orgueil, par ambition ou par l'effet de passions furieuses; mais c'est inutile, c'est funeste, dans un État qui veut être libre, où les citoyens sont jaloux d'exercer leurs facultés sous l'égide des lois. Je ne puis désormais voir dans la centralisation absolue qu'un engin d'asservissement. Elle accoutume une nation à l'obéissance passive. Il y a dans la capitale une grande roue qui tourne, et dont on suit servilement la rotation, des rives du Var aux rochers du Finistère. Qu'on soit maître de la roue, et on sera maître de la France; qu'une poignée de factieux ou d'ennemis de la société parvienne, par la somnolence, l'incurie ou l'ineptie des gardiens de la machine, à mettre la main dessus, et les voilà dictateurs. »

C'est en mettant la main sur la machine administrative qu'on a successivement renversé la Restauration, la Monarchie de Juillet, la Révolution de 1848 et le second Empire. Il faut supprimer cette roue et la remplacer, comme le demandait déjà Augustin Thierry en 1820, par des rouages couvrant la France tout entière, afin de mettre la République à l'abri d'un coup de main.

III

Après la chute de la Monarchie de Juillet, un mouvement irrésistible se produisit dans le pays en faveur de la décentralisation. On reconnaissait enfin que la stabilité gouvernementale était impossible avec le maintien des institutions de l'an VIII. La facilité avec laquelle Louis-Philippe avait été renversé démontrait cette vérité jusqu'à l'évidence. M. Guizot, lui-même, la reconnaissait — un peu tardivement — en ces termes :

« On parle beaucoup de la centralisation, de l'unité administrative ; elle a rendu beaucoup de services à la France ; nous en garderons beaucoup de ses formes, de ses règles, de ses maximes, de ses œuvres ; mais le temps de sa souveraineté est passé. Elle ne suffit plus aujourd'hui aux besoins dominants, aux périls pressants de la société. Ce n'est pas au centre seul, c'est partout qu'est la lutte aujourd'hui ; partout attaquée, il faut que la propriété, la famille, toutes les bases de la société soient partout défendues, et c'est trop peu pour les défendre que des fonctionnaires et des ordres venus du centre, même soutenus par des soldats. »

Vers la même époque, le *National*, qui avait été le plus énergique défenseur de la centralisation administrative qu'il présentait comme une œuvre qu'il fallait maintenir à tout prix, éclairé par les événements, reconnaissait son erreur dans les termes suivants :

« Le grand mouvement, disait-il, qui emporte aujourd'hui la France démocratique aura pour résultat inévitable la décentralisation administrative. Or, quand, de tous les points du territoire, les citoyens auront pris l'habitude de s'occuper des affaires publiques, quand ils en auront acquis l'intelligence, quand ils seront suffisamment exercés à les débattre et à surveiller leur gestion, alors la liberté ne sera plus une vaine théorie, intelligible seulement pour quelques esprits ; la nation tout entière en connaîtra le prix par expérience, et la gardera comme son trésor le plus cher ; elle sera indestructible, et la monarchie, dont les hommes du passé rêvent toujours le rétablissement, ne sera plus qu'une irréalisable utopie. »

Le mouvement décentralisateur paraissait donc irrésistible et l'on songeait plutôt à le régler qu'à l'exciter. Malheureusement les constituants de 1848 ne comprirent pas la nécessité de consacrer cette réforme dans la Constitution pour en garantir la durée, et cette faute irréparable rendit possible trois ans plus tard le coup d'État qui renversa la République et confisqua de nouveau nos libertés.

De nombreux projets de décentralisation avaient cependant été proposés et mis à l'étude; mais ils eurent le sort de presque toutes les réformes qu'attend depuis si longtemps le pays, réformes qui avortent continuellement par suite de la mauvaise organisation de la procédure parlementaire, qui éternise les discussions et ajourne les solutions. L'Assemblée législative se laissa surprendre au moment où les rapports sur la décentralisation allaient être discutés, et l'on sait ce qui advint.

De nouvelles tentatives furent faites sous l'Empire et, après 1871, par l'Assemblée de Versailles; mais une sorte de fatalité, qui semble s'attacher dans notre pays à toutes les réformes qu'on entreprend, fit encore échouer ces efforts, qui n'aboutirent qu'à des demi-mesures insuffisantes : la loi de 1871 sur les Conseils généraux et la loi de 1884 sur les Conseils municipaux.

Nous ferons ressortir plus tard l'insuffisance de ces lois, qui ne consacrent pas d'une manière absolue un principe généralement adopté en Europe et sans l'application duquel les libertés locales n'existent pas, principe que nous trouvons inscrit dans la Constitution de tous les peuples libres : c'est que les Conseils communaux ont le droit de statuer sur tous les intérêts de la commune, de même que les Conseils provinciaux ont dans leurs attributions tous les intérêts de la province.

Ce principe est formulé ainsi dans l'article 31 de la Constitution belge :

« Les intérêts exclusivement communaux ou provinciaux sont réglés par les Conseils communaux ou provinciaux. »

En résumé, l'État doit abandonner aux communes et aux provinces la direction exclusive de tous les objets qui n'ont pas un rapport immédiat avec les intérêts généraux du pays. Il ressort avec la dernière évidence de l'examen, même superficiel, de la marche des affaires, que la centralisation exagérée, dont la France seule offre un exemple en Europe, impose au pouvoir un travail excessif qui excède ses forces et l'empêche de vaquer aux soins incessants que réclame l'administration générale. Elle expose en outre ce pouvoir à commettre des injustices et des erreurs dans les affaires locales, qui, pour être bien comprises et rapidement expédiées, exigent la connaissance exacte et personnelle des hommes, des lieux et des choses.

Ces principes ont été éloquemment exposés par Benjamin Constant dans son *Cours de droit constitutionnel* :

« La direction des affaires de tous, a-t-il dit, appartient à tous, c'est-à-dire aux représentants et aux délégués de tous. Ce qui n'appartient qu'à la fraction ne doit être décidé que par cette fraction ; ce qui n'a de rapport qu'avec l'individu ne doit être soumis qu'à l'individu. L'on ne saurait trop répéter que la volonté générale n'est pas plus respectable que la volonté particulière dès qu'elle sort de sa sphère. Supposez une nation d'un million d'individus répartis dans un nombre quelconque de communes. Dans chaque commune, chaque individu aura des intérêts qui ne regarderont que lui et qui, par conséquent, ne devront pas être soumis à la juridiction de la commune. Il y en aura d'autres qui intéresseront les habitants de la commune, et ces intérêts seront de la compétence communale. Ces communes à leur tour, auront des intérêts qui ne regardent que leur intérieur, et d'autres qui s'étendent à l'arrondissement.

« Les premiers seront du ressort purement communal, les seconds du ressort de l'arrondissement et ainsi de suite jusqu'aux intérêts généraux communs à chacun des individus formant le million qui compose la peuplade. Il est évident que ce n'est que sur les intérêts de ce dernier genre que la peuplade entière ou ses représentants ont une juridiction légitime, et que, s'ils s'immiscent dans les intérêts d'arrondissement, de commune ou d'individu, ils excèdent leur compétence. Il en serait de même de l'arrondissement qui s'immiscerait dans les intérêts particuliers de la commune, ou de la commune qui attenterait à l'intérêt purement individuel de l'un de ses membres. »

Nous n'insistons pas sur la question du droit, qui ne saurait être sérieusement contesté, qui appartient aux communes et aux provinces d'avoir la pleine et entière gestion de leurs intérêts Le seul droit qui puisse être reconnu à l'État, est de maintenir les Assemblées locales dans l'exercice de leurs prérogatives et de les empêcher de sortir de leurs attributions. Le point sur lequel nous insistons, — et nous en montrerons ensuite les conséquences, — c'est la démonstration que nous croyons avoir faite des causes de l'instabilité gouvernementale qui viennent toutes de la centralisation. Nous avons voulu mettre aussi en lumière cette vérité, qui est restée trop longtemps méconnue chez nous : c'est que la centralisation est la négation de la liberté.

Il faut qu'on reconnaisse enfin, comme on l'a proclamé dans tous les pays où le gouvernement a été inauguré sur les bases du régime représentatif, que les libertés communales et provinciales les plus étendues sont nécessaires pour assurer, d'une part, le fonctionnement régulier du pouvoir central et pour donner, d'autre part, un aliment à l'activité des citoyens et les préparer à la vie publique pour l'administration de leurs intérêts les plus immédiats.

IV

S'il est prouvé, ainsi que nous avons essayé de le démontrer et comme l'ont fait avant nous d'éminents publicistes, que la centralisation est la cause principale, sinon unique, de toutes nos révolutions, il devient facile d'établir, en compulsant les budgets des régimes successifs que ces révolutions nous ont imposés, ce que coûte à la France l'inapplication des principes fondamentaux sur lesquels repose le gouvernement des peuples libres.

Nous avons vu que Charles X n'aurait vraisemblablement pas osé signer les ordonnances de Juillet si, écoutant les conseils des hommes les plus dévoués à la monarchie et à sa personne, il n'avait pas conservé les institutions de l'an VIII, et que, par conséquent, son trône n'aurait pas été renversé par la révolution de 1830.

Ce qui est absolument certain, c'est que si Louis-Philippe, instruit par l'expérience, avait écouté les conseils des hommes qui soutenaient que la décentralisation était le seul moyen d'assurer la stabilité gouvernementale, la surprise de février 1848 devenait impossible.

Nous n'avions dès lors ni la République de 1848 qui eut une durée si éphémère et une si triste fin, ni le deuxième Empire qui a failli entraîner la ruine complète du pays.

Le budget et la dette n'auraient pu prendre les proportions fantastiques qui effraient à bon droit les hommes sages et prévoyants qui voient dans la progression incessante des dépenses publiques une cause de ruine prochaine et, finalement, une banqueroute inévitable.

Les chiffres ont ici une éloquence particulière qui doit frapper les esprits les plus prévenus contre la décentralisation.

Le budget de 1830 s'élevait en dépenses à la somme de 981 millions, chiffre qui aurait pu être diminué dans une certaine proportion en réduisant les attributions de l'État, c'est-à-dire en restituant aux Assemblées locales la pleine et entière gestion des intérêts qu'elles représentent.

A la chute de la Monarchie de Juillet, les dépenses atteignaient le chiffre de 1.416 millions, soit, pendant les dix-huit années du règne de Louis-Philippe, une augmentation de près de 50 %.

Il faut remarquer que la création d'emplois inutiles et de sinécures coûteuses était déjà sous ce régime un instrument de règne, et que si la décentralisation avait été pratiquée, ainsi que l'exemple en était donné à la France par les nations voisines, et notamment par la Belgique, les dépenses de l'État auraient pu être réduites d'environ 100 millions, car l'administration centrale coûtait déjà à cette époque 150 millions.

A la fin de l'Empire, les dépenses atteignaient 2.131 millions et demi et, en 1874, 2.887 millions 677.064 fr. La troisième invasion nous coûte donc, sans compter les pertes particulières, qui se chiffrent par des sommes considérables, près de 750 millions par an.

Aujourd'hui, grâce aux folles prodigalités d'une administration qui nous coûte annuellement 620 millions, c'est-à-dire 470 millions de plus qu'en 1848, les dépenses s'élèvent, d'après le budget de 1896, à la somme de 3.448 millions en chiffres ronds, soit une augmentation sur le budget de 1874, — qui comprenait la liquidation de nos désastres, — de 571 millions.

Qu'on récapitule maintenant les dépenses résultant des changements de régime que les révolutions nous ont imposées et l'intérêt composé des sommes qu'elles représentent. Le chiffre en paraîtra réellement fantastique. Que de forces et de ressources perdues ! Que de grandes choses on aurait pu faire, que de réformes on aurait pu accomplir en ménageant les ressources de l'impôt comme on l'aurait immanquablement fait si, conformément aux vœux et aux idées des hommes illustres qui ont fait la Révolution de 1789, la France avait été dotée, dès le début, du *Self-Government* et l'avait conservé. Un écrivain a récemment exposé la situation qui en serait résultée.

Après avoir fait l'historique des causes qui avaient amené la déplorable situation financière du pays, M. C. Vraye, dans une étude du budget publiée en 1875, concluait ainsi :

« Et maintenant, industriels dont les usines sont en chômage ; commerçants dont les affaires sont en souffrance parce que l'augmentation des impôts, en surélevant subitement et outre mesure le prix des objets de consommation, a porté le trouble dans les budgets domestiques et forcé chacun d'en restreindre les dépenses ; consommateurs de tout rang et de toute fortune ; en un mot, vous tous de la grande famille française qui produisez, fabriquez, vendez et consommez, il est une vérité historique et économique qui doit demeurer profondément gravée dans votre mémoire ; c'est celle-ci :

« Sans les charges de l'invasion étrangère, la France n'aurait pas de dette publique : son budget des dépenses serait diminué d'environ 1.200 millions (1). Celui des recettes présenterait un excédent de plus de 150 millions ; et les droits très excessifs de l'enregistrement et du timbre pourraient être allégés d'un tiers.

« Sans les charges de la dette publique, il n'y aurait en France ni contributions des portes et fenêtres, ni droits ni taxes sur le sel, sur le sucre colonial et indigène, sur les boissons, les alcools, la chicorée moulue, les allumettes, le savon, l'huile, la stéarine, le papier, le tabac, les poudres à feu ; il n'y aurait ni droits ni taxes sur les transports des marchandises, etc., etc.

---

(1) Les calculs de M. Vraye étaient faits sur le budget de 1874, inférieur de 574 millions aux dépenses prévues de 1896. La diminution des charges publiques, d'après les évaluations de M. Vraye, serait donc aujourd'hui de 1.774 millions.

« Les chiffres sont là qui l'attestent d'une façon irréfutable. »

L'auteur des lignes qui précèdent attribuait ces folles prodigalités à la centralisation, et il soutenait avec raison que, sans elle, on aurait pu maintenir l'admirable système financier de la Constituante, qui bannissait les impôts de consommation.

« Ce système, disait-il, c'est la justice remplaçant l'arbitraire dans l'assiette et la distribution des charges publiques ; c'est le dégrèvement des objets de consommation et l'abaissement de leur prix par la suppression des contributions indirectes ; enfin, c'est le reflux vers l'agriculture, l'industrie et le commerce, d'un grand nombre de fonctionnaires ou agents intelligents, employés aujourd'hui à pressurer le contribuable et à tirer de chaque genre d'impôt tout ce qu'il peut produire. »

Le livre de M. Vraye est des plus instructifs et il est regrettable qu'il ne puisse pas être lu et compris par tous les contribuables. Ils y trouveraient la démonstration claire et évidente que la centralisation a fait perdre à la France des sommes incalculables.

V

Il nous reste à examiner comment, chez les autres peuples, on a concilié les deux principes qui paraissent opposés : l'Autorité et la Liberté.

On reproche aux partisans de la décentralisation de choisir, à l'appui de leur thèse, des comparaisons qui ne sont pas concluantes; d'invoquer sans cesse des États dont la situation est sans analogie avec la situation de la France.

Vous nous citez, disent nos adversaires, le royaume décentralisé d'un petit État, la Belgique, dont l'existence est garantie par les traités, et qui ne peut avoir d'ambitions militaires. Il en est de même, ajoutent-ils, de la Suisse. Quant aux États-Unis, n'ayant point de voisins à craindre, ils peuvent savourer en paix les douceurs du régime fédératif et, en ce qui concerne nos voisins d'outre-Manche, leur île, entourée d'eau, est à l'abri des surprises.

Nos adversaires confondent deux choses absolument distinctes. Ils ne font aucune différence entre les décentralisateurs qui, peu nombreux, réclament le système fédératif en faveur duquel ils font valoir d'ailleurs d'excellentes raisons, et ceux qui, en très grande majorité, ne veulent au fond qu'une réforme purement administrative; ils les accusent en bloc de vouloir détruire l'unité nationale, ce qui est aussi loin de la pensée des uns que des autres.

Un académicien, M. François Coppée, qui s'est fourvoyé parmi ceux qui prétendent que la défense nationale recevrait une mortelle atteinte de la décentralisation, affirme imperturbablement que le moment est mal choisi pour parler de décentralisation, alors que les nations voisines liguées contre nous, se concentrent de toutes leurs forces.

Si l'aimable poète, qu'on ne s'attendait guère à voir dans cette affaire, a voulu parler de la concentration politique, il aurait peut-être raison; mais son assertion est radicalement fausse au point de vue administratif, car les pays auxquels il fait allusion sont précisément ceux dans lesquels on a compris depuis longtemps que l'unité nationale ne pouvait être complète et, surtout, fortifiée, qu'au moyen de la décentralisation administrative.

A l'appui de ce que nous avançons, nous ne saurions citer un meilleur exemple que celui de la Prusse. Elle n'est pas entourée d'eau. C'est un État européen dont l'existence n'a pas besoin d'être garantie par une convention diplomatique comme la Belgique et la Suisse. MM. Brunetière et François Coppée ne pourront donc pas nous reprocher de mal choisir cet exemple.

Après Iéna, la Prusse était certes tombée plus bas que la France en 1871. Elle avait comme nous à se discipliner et à se donner une puissance militaire en vue d'une revanche à laquelle elle a patiemment travaillé pendant plus de soixante ans. Or, comme le disait si bien M. Charles Maurras, dans un des nombreux articles qu'il publie sans relâche en faveur de la décentralisation, pendant cette longue période ascensionnelle de son hégémonie politique, la Prusse n'a cessé d'être fortement et habilement décentralisée.

« On ne peut contester, — a dit à ce sujet M. J. Ferrand, — qu'après la bataille d'Iéna (14 octobre 1806), Napoléon Ier, l'empire français et sa législation politique, civile, militaire, ne fussent entourés dans toute l'Europe, particulièrement en Allemagne, d'un grand prestige. Cependant les hommes d'État qui entreprirent à cette époque de régénérer la Prusse, Guillaume de Humboldt, Stein, Altenstein, Hardenberg, se gardèrent bien de nous emprunter la centralisation de l'an VIII, et d'introduire dans le royaume mutilé de Frédéric-Guillaume III, notre organisation de l'État, de la province et de la commune.

« Ils surent assigner à leur pouvoir suprême autant de force et d'énergie que le nôtre lui-même en avait puisé dans les actes législatifs de 1799, de 1802, de 1804 ; mais, en même temps, ils s'appliquèrent tout spécialement à solidariser la nation avec ce pouvoir, et à instruire, à rehausser l'individu. Guillaume de Humboldt émit et réitéra instamment l'avis qu'on ne maintînt à l'État que les seules attributions qui lui étaient nécessaires, afin que les sujets pussent trouver, dans la commune et dans la province, beaucoup d'occasions de collaborer avec le souverain et de concourir à la chose publique, beaucoup d'instruments de sollicitude et de culture civiques ».

Les hommes d'État prussiens s'inspiraient tous, comme l'ont fait plus tard ceux des autres pays, des principes exposés par nos publicistes, nos philosophes et nos hommes d'État. Ils furent seulement plus heureux, car ils trouvèrent un monarque intelligent qui les comprit et mit leurs idées en pratique. Ce fut ainsi que Frédéric-Guillaume III fut le véritable auteur de la grandeur actuelle de la Prusse, car c'est lui qui la prépara au moyen des institutions que nous sommes réduits aujourd'hui, plus d'un siècle après la Révolution de 1789, à réclamer pour notre pays.

En 1807, Stein écrivait à son souverain dans le même sens que Guillaume de Humboldt :

« Quand une nation est parvenue à un certain degré de civilisation, disait-il, il faut se hâter de diriger son activité vers les intérêts de la patrie, de la province, de la commune. Dès que vous lui aurez accordé une véritable participation à ses affaires, vous verrez se produire dans son sein les manifestations les plus bienfaisantes d'esprit public et de dévouement. Si, au contraire, vous lui déniez cette participation, vous verrez naître un mécontentement et une mauvaise volonté qui se feront jour tôt ou tard et qu'il faudra réprimer par la force. »

On voit, par ce qui précède, que la décentralisation était considérée comme le principal élément de la stabilité gouvernementale, par le ministre prussien.

L'année suivante, Stein écrivait encore :

« ...La lutte des armes, pour le moment, est close ; mais il nous reste à ouvrir celles des principes, des mœurs, des caractères, des facultés. »

Altenstein disait « qu'une nation vaincue et réduite peut encore aspirer à la première place si elle travaille plus que les autres à l'éducation du citoyen, à l'ennoblissement de l'individu. »

Ne perdons pas de vue qu'en parlant d'éducation, ces hommes d'État parlaient de l'éducation civique qu'ils plaçaient bien au-dessus de l'éducation ordinaire, contrairement à ce qui a été pratiqué en France, surtout dans ces derniers temps.

Hardenberg demandait qu'on accoutumât le pays au *Self-Government;* qu'on lui donnât des libertés municipales très étendues; qu'on instituât partout des corps électifs; qu'on créât des diètes provinciales et même des États généraux.

Enfin Scharnhorst concevait et proposait une armée nouvelle qui devait être non seulement la nation entière, exercée, toujours prête à se lever et à combattre, mais encore une armée permanente de patriotisme, de discipline, de respect, d'union et de rapprochements sociaux.

C'est de ces idées, aussi justes que hardies, communes, par une singulière faveur de la destinée, à tous les conseillers du roi Frédéric-Guillaume III, que sont sorties les réformes, notamment les libertés communales et provinciales, qui font de la Prusse le plus puissant État de l'Europe.

Ce pouvoir s'est fortifié surtout, parce que,

dégagé d'une foule de soins administratifs, il a pu concentrer toute sa vigilance sur les grands intérêts nationaux et, c'est ce pouvoir, ne l'oublions pas, imposé peu à peu à toute l'Allemagne qui, en 1870, a mis à néant les forces de l'État le plus centralisé de l'Europe.

VI

Malgré les plaisanteries, qu'à défaut d'arguments sérieux, nos adversaires nous adressent, nous devons encore citer l'exemple de la Belgique, car cet exemple nous paraît concluant. Le peuple belge a, en effet, la même origine, la même langue et la même législation que le peuple français. Il est donc impossible de soutenir que ce qui convient à l'un de ces peuples ne peut pas être appliqué à l'autre.

L'ascendant que la France exerçait en 1830 sur la Belgique est un fait incontestable. La reconnaissance immédiate du nouvel État par la France, le siège et la prise d'Anvers avaient contribué à la faire reconnaître par les autres puissances et à garantir son indépendance au moyen de la neutralité.

Cependant le congrès national, chargé d'élaborer la Constitution, se garda bien d'adopter notre organisation politique et administrative telle qu'elle venait d'être maintenue, encore une fois, par la charte du 14 août 1830.

Les membres du congrès cherchèrent, au

contraire, leurs modèles dans la Constitution anglaise et dans nos réformes de 1787 et de 1789, en évitant toutefois avec sagesse ce qui, dans les unes, ne pouvait s'adapter à l'état social et aux mœurs de la Belgique, et ce qui, dans les autres, avait déterminé leur insuccès.

La Constitution du 17 février 1831 consacre la séparation des intérêts généraux et des intérêts locaux dans son article 108, qui est ainsi conçu :

« Les institutions communales et provinciales sont réglées par des lois.

« Les lois consacrent l'application des principes suivants :

« 1° L'élection directe, sauf les exceptions qui pourront être admises à l'égard des chefs des administrations communales et des commissaires du Gouvernement près les Conseils provinciaux ;

« 2° L'attribution aux Conseils provinciaux et communaux de tout ce qui est d'intérêt provincial et communal, sans préjudice de l'approbation de leurs actes, dans les cas et suivant les modes fixés par la loi ;

3° « La publicité des séances des Conseils communaux et provinciaux, dans les limites établies par la loi ;

« 4° La publicité des budgets et des comptes ;

« 5° L'intervention du roi et du pouvoir législatif pour empêcher que les Conseils provinciaux et communaux ne sortent de leurs attributions et ne blessent l'intérêt général. »

Les lois organiques, en sanctionnant ces dispositions, ont donné aux pouvoirs locaux la pleine et entière gestion des intérêts de la commune et de la province, mais en réservant à l'État, c'est-à-dire au roi et au Parlement, les moyens de sauvegarder l'intérêt général, de guider les pouvoirs locaux par l'entremise des gouverneurs, des commissaires d'arrondissement, des bourgmestres et des collèges échevinaux. C'est dans la pratique de cette judicieuse organisation que la Belgique a acquis, en grande partie, l'aptitude politique et administrative, la ferme possession d'elle-même, la prospérité financière, commerciale, agricole et industrielle, enfin la paix profonde que nous avons dû si souvent lui envier.

Nous montrerons plus loin comment la Belgique a trouvé la solution, que nous recherchons en vain depuis si longtemps, du problème de l'accord entre l'autorité et la liberté, solution qu'elle a trouvée dans l'extension des libertés communales et provinciales. Il nous suffira de dire que les institutions politiques et administratives de ce petit État ont servi de modèle aux autres peuples au fur et à mesure de leur émancipation. Aussi, ne croyons-nous pas utile de passer en revue les institutions communales et provinciales des autres pays. Nous nous bornerons à constater que l'Europe presque tout entière est en possession du *Self-Government local*, la Prusse depuis 1807-1823, l'Italie depuis 1848-1865, l'Autriche-Hongrie depuis 1859-1867, la Hollande depuis 1815-1848-1851, la Russie elle-même depuis 1861-1864-1870, etc., etc. Tous les pays de l'Europe, à l'exception de la France et de la Turquie, ont reconnu que l'émancipation de la commune et de la province devait précéder ou tout au moins accompagner l'émancipation de l'État et servir de base au régime constitutionnel.

Seuls, en France, nous croyons qu'il n'est pas nécessaire de tempérer les franchises politiques au moyen des franchises communales et provinciales. Seuls, malgré les dures leçons de l'expérience, nous jugeons qu'il est possible d'adapter indistinctement à tous les régimes le même appareil administratif; que les institutions de l'an VIII, créées pour l'exercice du despotisme, peuvent convenir à un régime libre.

L'inconséquence des hommes qui ont cru pouvoir gouverner le pays en maintenant ces institutions a été signalée avec une certaine ironie par les hommes d'État qui ont le plus honoré l'Angleterre. Écoutons-les; nous retrouverons chez eux à peu près le même langage que celui des conseillers de Frédéric-Guillaume III que nous avons reproduit précédemment et, qu'en remontant plus haut, on retrouverait dans la bouche de nos hommes d'État et de nos écrivains les plus illustres, depuis Vauban, Fénélon, Turgot, et Augustin Thierry jusqu'à Taine.

En 1848, lord Palmerston écrivait au roi Léopold Ier, de Belgique :

« ... Pour la France, personne ne peut prophétiser, de semaine en semaine, le tour qu'y prendront les affaires. Pendant des années, ceux qui étaient au pouvoir ont travaillé aux étages élevés de la monarchie sans s'occuper des fondations... »

Interrogé, en 1852, par lord John Russel, sur les motifs qui l'avaient porté à reconnaître avec tant d'empressement le gouvernement issu du coup d'État de 1851, lord Palmerston répondait ce qui suit :

« L'existence d'une République dans un pays aussi centralisé que la France, m'a toujours paru quelque chose d'absolument chimérique et irréalisable.... La Constitution de 1848 aurait dû s'appeler la dissolution..... »

Plus tard, M. Gladstone exprimait une opinion à peu près analogue. Il disait en 1872, dans un discours où il critiquait certains projets tendant à accroître les attributions du pouvoir central, que plus les années s'accumulaient sur lui, plus il attachait d'importance aux institutions locales; que c'était par elles que le peuple anglais avait acquis l'intelligence, le jugement, l'expérience politiques, qui le rendent apte à la liberté; que sans elles, l'Angleterre n'aurait pu conserver ses institutions centrales.

Quelque temps après, le même orateur, présidant un meeting à Birmingham, insistait, avec son éloquence habituelle sur la nécessité, pour tous ceux qui veulent siéger un jour au Parlement, d'accepter, de briguer d'abord les fonctions municipales, et il ajoutait que « les succès merveilleux de la race anglo-saxonne en Europe et ailleurs, étaient dus en grande partie au système des institutions locales et du *Self-Government*, qui impose incessamment à chacun des responsabilités et des devoirs publics. »

On ne rencontrerait pas aujourd'hui, de l'autre côté du détroit, un seul homme politique qui n'attribuât la prépondérance de son pays aux qualités que développe l'organisation administrative de la Grande-Bretagne, comme nos révolutions et nos malheurs aux inaptitudes jugées inséparables de la nôtre.

VII

En appliquant les doctrines de nos publicistes, les Belges ont trouvé le moyen de concilier dans la commune et la province l'intérêt de l'État et l'intérêt local; de sauvegarder l'unité nationale et politique, c'est-à-dire les droits du gouvernement représentant cette unité, en même temps que les franchises communales et provinciales.

Ce problème n'a été résolu jusqu'ici dans notre pays qu'au détriment de l'autorité ou de la liberté. En nommant, en effet, dans la commune ou le département, le pouvoir exécutif, le maire ou le préfet, l'État n'aboutit qu'à soustraire les habitants à la responsabilité et à la pratique des affaires auxquelles on devrait les assujettir. En abandonnant, au contraire, la nomination du maire à l'élection, l'État abdique sa souveraineté, compromet l'unité politique et affaiblit la puissance publique. Depuis que les maires sont élus, le gouvernement n'est plus représenté pour ses intérêts essentiels, pour l'exécution des lois, pour l'administration générale, pour la sûreté et la police, pour les réquisitions militaires, etc., que par un agent qui lui est étranger et qui lui est souvent hostile.

Les institutions communales en Belgique n'offrent pas ce double danger. Le bourgmestre est, avant tout, le représentant du pouvoir central ; il est nommé par le roi et presque toujours choisi parmi les conseillers élus. Il n'est dérogé exceptionnellement à cette règle que si les intérêts de la commune et de l'Etat l'exigent impérieusement ; mais il n'est chargé que de la police et de l'exécution des lois. A côté de cet agent, et pour assurer l'exécution de tous les services municipaux, instruire les affaires et préparer le budget, les municipalités élues choisissent dans leur sein une commission exécutive présidée par le bourgmestre ; c'est le *Collège des échevins*. Le bourgmestre n'a que les pouvoirs personnels d'agent du gouvernement dans la commune pour les affaires de l'État. Il préside le Conseil communal et le Collège des échevins ; il est également leur agent d'exécution. Les bourgmestres et les échevins peuvent recevoir un traitement.

Dans cette organisation si logique et si naturelle, le bourgmestre n'a pas, comme nos maires, le maniement exclusif des affaires de la commune, affaires beaucoup trop importantes d'ailleurs pour être suivies efficacement par un seul dans les grands centres. Chacun des échevins est chargé de la direction d'un service : aux uns l'instruction, les travaux publics, la voirie ; aux autres les finances communales, l'assistance publique, la surveillance des services hospitaliers, etc. Ce sont de véritables ministres qui, au sein du Conseil des grandes villes, jouent un rôle identique à celui que remplissent les ministres devant le Parlement.

D'autre part, le Conseil ne se borne pas à voter des fonds, à décider certaines questions d'ordre secondaire, à formuler des avis ou des vœux. Sous la tutelle du Conseil provincial et le contrôle du bourgmestre, il exerce l'entière administration de la localité et le droit de nommer aux emplois.

Les Assemblées provinciales ont une organisation analogue. Elles nomment dans leur sein un comité exécutif composé ordinairement de six membres ; c'est la *Commission permanente*. Cette commission, ainsi que son nom l'indique, ne siège pas un jour comme chez nous la *Commission départementale ;* elle est en permanence et ses membres étant obligés de consacrer tout leur temps aux affaires publiques, reçoivent un traitement qui est fixé par le conseil.

La Commission permanente est présidée par le gouverneur qui est le représentant de l'État ; celui-ci a voix délibérative, car la Commission est aussi une autorité délibérante qui supplée au conseil quand il ne siège pas Elle statue par voie d'arrêts et d'ordonnances sur les affaires provinciales. Le gouverneur est chargé d'en assurer l'exécution.

Les membres du Conseil provincial reçoivent une indemnité de route et de séjour pendant les sessions.

Le Conseil prononce sur toutes les affaires d'intérêt provincial, il nomme tous les employés provinciaux à l'exception de ceux dont il attribue la nomination à la Commission permanente. Il fixe le taux des traitements et des pensions des employés salariés de la province ; il décide de la création et de l'amélioration des établissements publics de la province, et les transactions relatives aux mêmes biens. Il statue sur la construction des routes, canaux et autres ouvrages publics à exécuter sur tout ou en partie dans la province. En cas de contestation entre deux ou plusieurs provinces, le gouvernement décide.

Le Conseil provincial répartit entre les communes le contingent des contributions directes assigné à la province. Il prononce sur les réclamations et demandes en réduction qui lui sont adressées par les communes, et, lorsqu'il n'est pas assemblé, la Commission permanente fait la répartition d'après les bases fixées par le conseil, et prononce sur les réclamations, sauf recours au Conseil.

Chaque année, la Commission permanente fait au conseil un exposé de la situation de la province sous le rapport de son administration, et cet exposé est publié. Il lui soumet les comptes des recettes et des dépenses de l'exercice précédent avec le projet de budget des dépenses et des voies et moyens pour l'exercice suivant, ainsi que toutes les autres propositions qu'il croit utiles. Elle statue sur les questions administratives. Quant aux affaires contentieuses, elles sont du ressort des tribunaux ordinaires. Pour le représentant de l'État, le gouverneur, il veille au maintien de la tranquillité publique, à la sûreté des personnes et des propriétés. Il dispose à cet effet de la force publique.

Il dirige et surveille les travaux des bureaux ; le greffier de la Commission permanente et les employés des bureaux sont sous ses ordres. Il nomme et révoque ces derniers. Il veille à l'instruction préalable des affaires qui sont soumises au Conseil ou à la Députation permanente.

Il a le droit d'assister aux délibérations du Conseil, de se faire assister de commissaires, d'être entendu quand il le demande, et d'adresser au Conseil, qui est tenu d'en délibérer, tel réquisitoire qu'il juge convenable. Le Conseil peut requérir sa présence.

Lorsque le Conseil ou la Commission permanente ont pris une résolution qui sort de ses attributions ou blesse l'intérêt général, le gouverneur prend son recours au gouvernement. Ce recours suspend l'exécution de la résolution contestée jusqu'à décision de l'autorité centrale, qui doit statuer dans un délai de trente jours.

Passé ce délai, la résolution devient exécutoire. En cas de *veto*, les tribunaux prononcent, si le Conseil juge que ce *veto* est contraire à son droit.

On comprend que, dans une étude aussi rapide, il nous est impossible d'entrer dans le détail du fonctionnement des institutions locales de nos voisins, institutions que, nous le répétons, ils ont empruntées à nos législateurs de 1789, sauf en ce qui concerne, comme nous l'avons dit, le contrôle de l'État, et qu'ont imitées ensuite tous les autres peuples. Nous nous bornerons à signaler le contraste qui existe entre ces institutions et celle que nous nous obstinons à conserver.

En France, un seul agent, le maire, est chargé de tout le fardeau des affaires de la commune, qu'il s'agisse d'une petite commune rurale ou d'une grande cité. Quatorze à dix-huit personnes, en moyenne, les conseillers municipaux, consacrent à ces affaires quelques jours ou quelques heures chaque trimestre.

Dans l'arrondissement, un autre agent, le sous-préfet, sert d'intermédiaire entre la commune et le département, prépare et exécute les décisions du préfet, et sept à neuf personnes en moyenne, les conseillers d'arrondissement, se réunissent pendant quelques heures, deux fois par an, pour entendre un rapport, répartir entre les communes le contingent des contributions directes et émettre des vœux.

Enfin, dans le département, un autre agent

encore, le préfet, détient les intérêts de l'État, du département, des arrondissements, des cantons, des communes, et trente-cinq personnes en moyenne, les conseillers généraux, délibèrent et contrôlent pendant quelques jours tous les six mois; quatre à sept autres personnes, les membres de la commission départementale, délibèrent aussi et contrôlent pendant quelques heures chaque mois.

En dehors de ces trois fonctionnaires et de ces rares délégués, le surplus des habitants, c'est-à-dire la population presque tout entière, n'a d'autre occasion de concourir à la gestion de ses affaires que le vote, un vote émis tous les quatre ou six ans. Le contraste dans cette partie de l'administration, entre la législation des principaux peuples de l'Europe et le nôtre, est donc complet. Il ne l'est pas moins, comme on va le voir, dans les effets qu'il produit.

VIII

Pendant que, chez nous, les affaires de la commune, du département et des autres agrégations laissent chacun à peu près indifférent, à l'étranger ces mêmes objets sont des foyers intenses de vie, d'efforts, d'agitation. On s'y ingénie, on s'y anime, on y lutte à l'occasion des questions locales, de l'impôt, de l'instruction, de l'assistance, des travaux publics, de l'industrie, du commerce, de l'agriculture, etc. (1).

Grâce à ces dérivatifs, les affaires de l'État sont, dans une certaine mesure, soustraites à la controverse et surtout à l'inexpérience, car les représentants de l'État sont les collaborateurs des Assemblées locales, tandis que, chez nous, n'ayant pas à s'occuper de leurs intérêts immédiats, les habitants discutent la forme du gouvernement et ceux qui gouvernent. Ils sont socialistes, radicaux, républicains modérés, bonapartistes libéraux ou autoritaires, légitimistes ou orléanistes. Au lieu de collaborer en associés libres à la responsabilité du pouvoir et à sa destinée, ils ne songent qu'à le décrier et parviennent ainsi à le détruire d'autant plus aisément que ce pouvoir ne s'appuie que sur des fonctionnaires et une quantité d'élus trop restreinte.

Enfin le vote politique, à l'étranger, est le fruit naturel de l'initiation et de l'apprentissage des affaires locales, tandis que, chez nous, il ne peut être, pour l'immense majorité de ceux qui l'exercent, qu'une formalité abstraite, l'expression d'un courant passager, d'un engouement irraisonné, de la passion ou du caprice.

Il existe encore une différence considérable entre notre législation locale et celle des autres

---

(1) Nous empruntons ces détails au beau livre de M. Joseph Ferrand : *Les Institutions administratives de la France et de l'Etranger* (Paris, Guillaumin et Cie).

peuples libres. Chez ces derniers, l'autorité et l'administration sont *collectives*; elles donnent ainsi des garanties complètes de responsabilité et d'impartialité. Chez nous seuls, étant *unitaires* et *personnelles*, elles n'agissent souvent que dans l'intérêt d'un parti et ne méconnaissent que trop souvent les droits des minorités, grave abus qui maintient et accroît parfois d'une façon regrettable les divisions dont le pays a eu tant à souffrir.

Ces pouvoirs personnels présentent, au point de vue politique, un redoutable danger. Ils habituent le peuple à la servitude.

Soumis et accoutumés, en effet, pour la plupart de ses besoins et de ses actes quotidiens, au maire et au préfet, il est conduit tout naturellement à désirer d'instinct le pouvoir personnel dans l'État. C'est pour cela que nous avons toujours eu un maître dans les gouvernements populaires, autoritaires ou parlementaires qui se sont succédé dans notre pays. Si nous nous plaçons de nous-mêmes sous le joug de cette servitude, c'est que nous n'avons jamais pu faire l'apprentissage de la liberté.

Il est une autre différence qu'il importe de signaler, car elle a une grande portée.

Chez les autres peuples, les pouvoirs propres de la commune et de la province, le pouvoir délibérant et le pouvoir exécutif, sont dus à l'élection, tandis que chez nous le pouvoir délibérant seul a cette origine.

A l'étranger, ce sont en effet les comités exécutifs du Conseil communal ou provincial, élus par ces Assemblées, qui préparent les affaires et exécutent les décisions.

Le premier effet de cette différence d'organisation, c'est que si l'habitant, à l'étranger, confie son mandat communal ou provincial à un incapable, il s'aperçoit bientôt qu'il souffre dans ceux des intérêts publics qui le touchent le plus et qu'il comprend le mieux. Sa raison, sa prévoyance, sa sollicitude sont mises en éveil à chaque scrutin local, et il s'instruit ainsi à bien voter non seulement pour les affaires locales, mais pour celles de l'État.

Chez nous, au contraire, les délégués de l'État ayant seuls en main l'autorité, l'électeur, quelque défectueux que soit le pouvoir délibérant, étant certain de n'encourir aucun dommage très grave, se préoccupe peu des élections communales et départementales. N'a-t-on pas vu, aux dernières élections, un conseil élu dans une commune par TROIS électeurs seulement ? Ce qui frappe les yeux, c'est que les électeurs vont de moins en moins au scrutin, surtout quand il s'agit d'élire les représentants des Assemblées locales. S'ils ne restent pas indifférents, ils cèdent à la passion et s'accoutument à agir ainsi aux élections générales.

Dans le but toujours poursuivi dans la législation étrangère de répandre l'éducation civique, les autres peuples ont adopté une autre disposition organique : C'est le renouvellement fréquent des pouvoirs de la commune et de la province. La pensée qui a dicté cette mesure est de faciliter successivement à un grand nombre de personnes l'accès d'un pouvoir en vue, et par conséquent très envié; d'offrir enfin un aliment à l'activité des habitants, de satisfaire, d'apaiser sur place certaines ambitions, certaines passions locales, et ainsi encore d'abriter l'État. Pendant que, dans une grande ville comme Paris, *quatre-vingts* délégués seulement s'occupent des affaires de la cité, *trente-cinq mille* citoyens sont chargés de cette mission pour la ville de Londres.

Résumons-nous.

Nous avons fait voir, trop sommairement sans doute, que, chez presque tous les peuples, en Angleterre, en Prusse, en Italie, en Belgique, en Hollande, en Autriche-Hongrie — et même en Russie, — le gouvernement et ses délégués ne prennent soin, dans la commune et la province, que des intérêts de l'État, et que ce sont les conseils locaux ou leurs comités permanents qui dirigent toutes les affaires de leurs circonscriptions, qui agissent, règlementent, contrôlent et nomment à tous les emplois.

Se réunissant, quand les besoins l'exigent, de leur propre autorité, ces Assemblées disposent avec indépendance des ressources financières qui leur sont réservées par la loi, et ces ressources sont généralement assez importantes pour que chaque agglomération vive de son existence propre et se suffise à elle-même. La tutelle, qui a pour objet la gestion locale proprement dite, est exercée par le pouvoir électif supérieur, non par le pouvoir central qui n'a le droit d'exercer sa tutelle que sur les intérêts généraux du pays.

Les conséquences morales et matérielles de ce régime ont été mises en lumière par M. Joseph Ferrand dans les lignes suivantes :

« Un tel régime, outre qu'il exonère l'État dans la plus large mesure, doit nécessairement inculquer à chacun et propager la notion de la responsabilité. Contraints, par tous les intérêts communaux et provinciaux, de concevoir, de veiller, d'aviser, de se défendre eux-mêmes, les particuliers sont amenés à traiter les affaires publiques avec autant de zèle que leurs intérêts privés. Les propriétaires, constamment avertis par l'application même de ce régime, arrivent à apporter dans leurs manières d'être plus de prévoyance, plus de sagesse et plus d'énergie. De telles dispositions ne doivent-elles pas tourner à l'avantage de l'individu et de l'État, aider aux rapprochements et à la paix, développer beaucoup les forces morales ?

« Chez nous, au contraire, le pouvoir central, pourvoyant lui-même par ses subventions et ses secours à une notable portion des besoins de la commune, choisissant beaucoup de magistrats, à peu près tous les employés, exerçant la tutelle locale aussi bien que la tutelle générale, ce pouvoir est partout engagé, mis en cause, combattu, décrié. La responsabilité des personnes qui forment le ressort des institutions libres, n'a pas sujet de se produire et n'existe pas. Nous sommes conduits à regarder les affaires publiques comme la tâche propre, la chose du gouvernement et de ses fonctionnaires. Nous n'avons pas matière à l'effort commun, au dévouement gratuit, au patriotisme rudimentaire et immédiat. Est-il contestable que nous n'éprouvions depuis longtemps les effets de ces grandes lacunes? »

Nous montrerons d'ailleurs, plus loin, l'impossibilité matérielle, pour les fonctionnaires, d'accomplir la tâche qui leur incombe sous notre régime autoritaire.

IX

Pour se rendre compte des causes de l'anarchie administrative et gouvernementale qui, en dehors des influences électorales, résulte fatalement de la centralisation excessive du pouvoir, il suffit d'énumérer les attributions dont les agents de ce pouvoir sont chargés. On reconnaîtra aussitôt qu'il y a pour eux impossibilité matérielle de les accomplir.

On connaît la nomenclature des attributions du maire et du préfet. Est-il admissible qu'un homme pourvu à ces emplois par le hasard des circonstances, n'ayant ni connaissances spéciales ni expérience, puisse être sérieusement à la fois agent politique, magistrat de police, administrateur de finances, de voirie, de bâtiments, de travaux publics, d'instruction et d'éducation, d'assistance publique, de prisons? Peut-il être l'organe de tous les services publics auprès des assemblées délibérantes? Est-il raisonnable de croire qu'il peut juger toutes les demandes, prononcer sur toutes les contestations et sur les aptitudes les plus diverses? Une telle accumulation de prérogatives, de devoirs, de responsabilités entre les mains d'un seul homme était déjà autrefois une imprudente conception; mais depuis les transformations et les progrès que notre temps a accomplis, que les attributions de l'État se sont accrues alors qu'on s'efforcait de les diminuer chez nos voisins, cette accumulation est devenue un anachronisme choquant qui ne pouvait amener que le désordre et fausser les rouages du régime parlementaire jusqu'à rendre son fonctionnement absolument impossible.

L'expérience démontre chaque jour, en effet, que le régime parlementaire, né en Angleterre *pour régler un petit nombre d'affaires*, n'est pas fait pour un gouvernement *qui se rend l'arbitre souverain* de tous les intérêts.

On est confondu quand on songe à la foule d'affaires et de gens qui, dans notre malheureux pays, dépendent des ministres. Et quels ministres!

Ils disposent d'abord presque sans contrôle d'une somme de trois milliards et demi qui dépasse le revenu cadastral de toutes les terres françaises. Non contents de disposer de ces ressources considérables, voire d'en gaspiller une partie, ils contrôlent encore les budgets des communes, des départements et des institutions de bienfaisance, qui dépassent un milliard, sans compter les fonds des caisses d'épargne et ceux des sociétés de secours mutuels qui dépassent cinq milliards.

Ils entretiennent, réglementent et inspectent toutes les écoles. Ils ont ainsi en main l'instruction à tous les degrés, c'est-à-dire l'avenir du pays.

Ils nomment les évêques, paient les ministres des cultes d'une main, et, de l'autre, les danseuses court vêtues qui exhibent leurs jambes à l'Opéra. Ridicules déjà en enseignant à lire et à écrire aux enfants, ils deviennent grotesques en entretenant à grands frais des adultes des deux sexes pour leur apprendre à chanter, à souffler dans des tubes en bois ou en cuivre, à râcler ou à frapper des cordes à boyau, à déclamer, à peindre, à sculpter, etc., etc.

Ils entretiennent des instituts, des académies, des laboratoires, des observatoires et encouragent les lettres, les beaux-arts et les sciences; ils ouvrent des bibliothèques, des archives pour lesquelles il faut des bibliothécaires, des sous-bibliothécaires, archivistes, sous-archivistes, aspirants, commis, portiers, tous fonctionnaires.

Ils déterminent combien d'hectares seront plantés en tabac, chaque hectare aura de plantes et chaque plante de feuilles, et ils nomment à cet effet des agents spéciaux pour les compter ; ils vendent ces tabacs sous diverses formes et dans les bureaux privilégiés, qu'ils donnent gratuitement, au lieu de les affermer, à d'innombrables agents qui reçoivent ainsi la récompense de leur dévouement. Ils transportent lettres, petits colis, articles de finances, télégrammes, ce qui exige encore tout une légion d'employés.

Ils construisent des routes, des canaux, des ports, des chemins de fer, des canons, des armes, des navires ; ils imposent des modèles aux édifices élevés aux frais des communes et des provinces ; ils fabriquent des tissus, de la porcelaine, de la mosaïque, des allumettes chimiques, de la poudre, ce qui nécessite encore une autre armée d'employés.

Ils dirigent des haras, enseignent les méthodes d'agriculture, surveillent les bois des communes, inspectent le travail des femmes et des enfants dans les manufactures, donnent des leçons d'hygiène et en prescrivent les règles, inspectent les nourrices et un tas d'autres choses, ce qui amène la création d'une quantité considérable de sinécures tout aussi inutiles que grassement rétribuées.

Ils surveillent les forêts domaniales, reboisent les hauteurs, creusent des canaux d'irrigation, guérissent les hommes du choléra et veillent à ce que le phylloxéra ne s'introduise pas dans nos vignes.

Par les droits de douane, par les primes aux industries favorisées, ils déterminent la direction du travail dans toutes les branches de la production, et pour empêcher ainsi chacun de vendre, d'acheter et de fabriquer au mieux de son intérêt, il leur faut encore des régiments de fonctionnaires.

Ils choisissent le gouverneur de la Banque de France qui est le grand régulateur du crédit, ainsi que le gouverneur du Crédit foncier; ils fabriquent de la monnaie et des médailles, paient des académiciens, subventionnent toutes sortes d'établissements d'utilité contestable, font voyager aux frais des contribuables de prétendus savants qui ne rapportent absolument rien de leurs coûteux voyages.

C'est par eux qu'existent et opèrent les agents de change, pharmaciens, notaires, débitants de boissons. Ils déclarent à quelles conditions et en vertu de quels examens on peut être avocat, médecin, professeur, instituteur, ingénieur, vétérinaire, garde-côte ou garde-barrière, éclusier, mécanicien de chemin de fer, sage-femme, etc.

Ils ont en main, — contrairement au principe partout reconnu par les peuples constitutionnels de la séparation des pouvoirs, — la magistrature à tous les degrés, c'est-à-dire la base sur laquelle reposent la propriété, la famille, la sécurité publique, en un mot, l'édifice social tout entier.

Ils entretiennent des prisons, des colonies pénitentiaires, des refuges pour la vieillesse, des dépôts de mendicité, etc., d'où nouveau bataillon d'agents à la charge de l'État, c'est-à-dire du malheureux contribuable.

Est-ce tout? Assurément non; mais il est impossible de pousser plus loin cette nomenclature qui n'en finirait pas. Nous avons cependant à parler encore de la formidable institution de l'armée et de la marine que nous avons gardée pour la fin.

Cette institution, sans précédent dans l'histoire, grâce au système inauguré par la Prusse, saisit la population mâle tout entière et fait du pays une vaste caserne, où le militarisme allemand vient se greffer sur la centralisation française.

Avec la centralisation, la nation ne s'appartient plus; elle est l'**État,** et l'État, c'est le ministère occupé ordinairement par des parvenus sans aucune connaissance spéciale et sans la moindre expérience. Le hasard du vote ajouté à celui d'une combinaison ministérielle conduit un avocat de septième ordre à la direction des travaux publics, un médecin sans clientèle à l'agriculture et n'importe qui à la tête de nos grandes administrations; ces politiciens de profession, ces ministres de hasard deviennent ainsi les instruments inconscients entre les mains desquels sont placés les intérêts vitaux de la nation tout entière :

« Entrez dans n'importe quelle famille, — a dit à ce propos M. Emile de Laveleye, auquel nous avons emprunté en partie la nomenclature des attributions de l'État, — et vous verrez que des décisions des pouvoirs publics dépend l'un ou l'autre de ses intérêts : dispense ou congé d'un milicien, examens, nominations, application d'un tarif, ouverture d'une route, primes et faveurs de toute sorte. Ce que l'on appelle le gouvernement tient donc en ses mains le sort actuel ou l'avenir des citoyens.

« Cette colossale machine marchera-t-elle vite ou lentement ? Inclinera-t-elle à gauche ou à droite ? De quelles idées, de quelles passions, peut-être de quelles rancunes se fera-t-elle l'instrument ? C'est le vote de la Chambre, le hasard du scrutin, parfois une ou deux voix de majorité qui en décident. Quand l'État absorbe à ce point les intérêts sociaux et pour ainsi dire la vie même de la nation, il est monstrueux que cela soit soumis aux fluctuations incessantes des luttes parlementaires. »

Il faut, comme on le voit, que les réformes que nous demandons s'accomplissent, sinon notre régime parlementaire, faussé dans ses rouages et paralysé dans ses efforts, périra dans l'impuissance et la déconsidération. Or, l'expérience ne nous l'a que trop appris, la chute du régime parlementaire a fatalement pour conséquence la dictature, c'est-à-dire, pour le peuple, l'abandon de lui-même qui l'a conduit au bord de l'abîme et qui lui vaut les lourdes charges qui pèsent sur lui, charges que nous avons essayé de chiffrer et qui menacent de s'augmenter encore.

Pour éviter ce redoutable danger, — tous les hommes d'État dignes de ce nom le reconnaissent aujourd'hui, — il n'y a qu'un moyen :

c'est de restituer aux communes, aux provinces, aux associations et aux individus toutes les attributions que détient indûment l'État et qui leur appartiennent en propre.

« Le rôle de l'État, a dit Herbert Spencer, doit se borner uniquement à protéger les citoyens contre les agressions du dehors et du dedans. »

La décentralisation administrative n'est que l'application rigoureuse de la formule du célèbre sociologue anglais.

X

Nos adversaires persistant à affirmer que l'adoption du système politique et administratif que nous préconisons affaiblirait la puissance publique, nous devons nous attacher à combattre cette erreur, qui est leur principal et presque unique argument.

Certes, la décentralisation, telle qu'on la comprend communément en France, qu'on a commencé à mettre en pratique en 1871 et en 1884, et qu'on s'apprête à continuer en ce moment en augmentant les attributions des préfets et des sous-préfets, semble donner raison à nos contradicteurs; mais ce n'est pas ainsi que nous l'entendons. Il suffira, pour montrer le danger d'un pareil système, qui amoindrit l'autorité du pouvoir, de mettre en parallèle nos institutions locales actuelles avec celles que nous réclamons.

La loi du 10 août 1871, en arrachant aux préfets le droit de décision pour le donner aux Conseils généraux, leur a laissé le droit d'instruire et d'exécuter les affaires. Il en résulte qu'à l'inverse de ce qui a été établi dans tous les pays où l'on a suivi les règles du *Self-Government*, ce n'est pas le représentant de l'État qui contrôle l'Assemblée départementale, c'est au contraire celle-ci qui contrôle les actes du préfet. De là des conflits incessants amenés par la subordination des représentants de l'État et, par suite, l'affaiblissement du pouvoir exécutif.

En confiant, au contraire, comme nous le demandons, l'instruction, la décision et l'exécution des affaires aux Assemblées départementales, le préfet n'étant plus personnellement engagé, conserve son indépendance et peut exercer dans toute son étendue les pouvoirs qui lui appartiennent comme représentant de l'État.

La loi municipale de 1884, en isolant les communes du pouvoir central et en subordonnant un autre délégué de ce pouvoir, le maire, au conseil municipal et aux électeurs, a accru les difficultés du gouvernement et exposé éventuellement l'unité politique et nationale à d'incontestables périls. La meilleure preuve que nous puissions en donner, c'est l'état de rébellion contre le pouvoir où à propos des courses de taureaux, se sont mis certains maires de nos grandes villes du Midi.

Ce genre de décentralisation qui, en effet, énerve et amoindrit le pouvoir central, sans donner au pays une plus réelle participation au règlement de ses affaires, ni plus d'éléments d'éducation civique, nous le répudions comme on a pu le voir dans le cours de cette étude. La décentralisation que nous demandons, au nom des principes et de l'expérience, repose sur des bases opposées et provoque des résultats absolument contraires.

Grâce à la dépendance des maires et à celle des assemblées locales, le pouvoir pouvait obvier autrefois, ou était censé obvier à l'ignorance et à l'insuffisance des votants; mais depuis qu'on a enlevé aux préfets la solution des affaires départementales et abandonné la nomination des maires aux conseils municipaux, les représentants de l'État, subissant les influences locales, sont, la plupart du temps, dépourvus de toute autorité pour faire appliquer la loi et les règlements.

C'est de cette conception funeste qu'est résultée l'anarchie administrative et gouvernementale qui règne dans notre malheureux pays. Nous subissons, en un mot, tous les préjudices inhérents à la centralisation, sans profiter des fins en vue desquelles elle existait.

« La décentralisation administrative, a dit à ce sujet M. J. Ferrand, est devenue un corollaire aussi logique qu'urgent des modifications apportées à notre législation et, loin de nuire, elle contribuerait puissamment à remédier aux maux dont nous souffrons, et à conjurer ceux plus graves dont nous sommes menacés. Lorsque, par exemple, les agents de l'État ne relèveront plus que de l'État seul; lorsque les préfets auront cessé d'être, pour une part très notable de leur tâche, sous l'autorité des conseils généraux; lorsque les maires auront cessé de tenir leur nomination des conseils municipaux, les uns et les autres de ces agents ne seront-ils pas beaucoup mieux en mesure qu'ils ne le sont maintenant de réprimer de la part des élus du suffrage universel, certains actes de mauvaise gestion et spécialement les transgressions de la loi? »

On voit que, ainsi que la pratique l'a démontré dans les autres pays, la décentralisation telle que nous la demandons fortifierait le pouvoir central au lieu de l'affaiblir; que ce serait la véritable alliance qu'on recherche depuis si longtemps entre l'autorité et la liberté; qu'elle serait un puissant moyen d'éducation civique et de pacification sociale; qu'en rendant aux citoyens la gestion directe de leurs intérêts immédiats, on mettrait fin à l'anarchie administrative et aux gaspillages qui en sont l'inévitable conséquence.

Nous résumons ainsi les mesures nécessaires à l'accomplissement de la réforme que nous réclamons :

1° Rétablissement des grandes divisions administratives auxquelles on donnerait le nom des anciennes provinces, avec une assemblée permanente exerçant, sous le contrôle du gouverneur, la gestion de tout ce qui est d'interêt provincial et la tutelle des communes ;

2° Modification de la loi sur les conseils généraux, de telle manière que l'Assemblée départementale, sous le regard du préfet, et sa délégation permanente, sous la présidence de ce fonctionnaire, reçoive l'extension des pouvoirs que nous avons indiquée;

3° Suppression des arrondissements;

4° Modification de la loi communale de telle sorte que le conseil municipal, sous le contrôle des agents de l'État, le gouverneur, le préfet, le sous-préfet et le maire, ait la gestion des affaires de la commune, et que sa délégation permanente ou comité exécutif ait, sous la présidence du maire, l'instruction et l'exécution des affaires.

5° Augmentation notable du nombre des membres des Assemblées locales, selon les proportions les plus généralement adoptées à l'étranger.

6° Séparation complète des budgets locaux du budget de l'État. Il y a lieu, en effet, de transférer du budget général aux budgets de la commune, du département et de la province les recettes, et les dépenses se rapportant à des objets d'intérêt purement local, tels que les édifices paroissiaux, le traitement des instituteurs et des professeurs, le matériel de l'instruction primaire et secondaire, la voirie, l'assistance publique, les encouragements aux lettres, aux arts, aux sciences, à l'agriculture et à l'industrie, la gestion des caisses d'épargne, la surveillance des sociétés de secours mutuels, etc., etc.

Tous ces objets sont la matière même des institutions locales. Si le gouvernement les absorbe, la commune, le département et la province ne peuvent plus avoir suffisamment prise sur les esprits, ni, par suite, remplir le rôle qui leur appartient dans le régime représentatif.

De prime abord ces réformes seront jugées téméraires ; mais nous ne saurions trop répéter qu'elles sont faites depuis longtemps dans l'Europe presque tout entière ; que seules les institutions que nous réclamons peuvent protéger le pouvoir central et consolider la République, car elles ont pour effet immédiat de substituer dans la nation les sollicitudes administratives et l'animation locale aux passions politiques.

Nous ne saurions mieux terminer cette courte étude qu'en citant l'opinion des publicistes et des hommes d'État les plus éminents sur la centralisation.

Royer Collard terminait ainsi un de ses plus célèbres discours :

« ...Nous avons passé, en un jour, de la servitude à la liberté ; et, faute de temps et de prévoyance, nous avons laissé au milieu de nous tous les instruments du despotisme... Le mal vient du **pouvoir monstrueux et déréglé** qui s'est élevé sur la ruine de nos institutions. Une société sans institutions ne peut être que la propriété de son gouvernement. En vain, on lui écrira quelque part ses droits, *elle ne saura pas les exercer et ne pourra pas les conserver.* »

Cette prophétie ne s'est que trop réalisée.

Un publiciste récemment décédé, Emile de Laveleye, tenait un langage à peu près analogue :

« Une République unitaire et absolutiste comme celle que l'on a toujours voulu fonder en France est un monstre. C'est le donjon du despotisme devant lequel on a élevé un fronton républicain avec les mots sacramentels : *Liberté, Egalité, Fraternité;* mais le pays n'y étouffe pas moins faute d'air et d'espace pour se mouvoir.

« L'une des plus grandes fautes de la Révolution française, a été la destruction des assemblées provinciales, et je doute que la France arrive jamais à la liberté si elle ne les rétablit pas. Léonce de Lavergne a raconté, dans un livre excellent sur ce sujet, le réveil de ces corps politiques si longtemps engourdis.

« Quel magnifique spectacle! Partout des réunions d'hommes éclairés, sensés, dévoués à leur pays, enflammés d'une sainte ardeur pour la justice, pour l'amélioration du sort de tous les peuples, pour le progrès sous toutes ses formes, occupés à la fois des intérêts de l'humanité entière, et de ceux de leur localité! »

Vers le commencement du règne de Louis-Philippe, M. de Tocqueville attribuait à la centralisation la plupart de nos malheurs publics depuis le dix-septième siècle. « La centralisation, disait-il, qui a créé la France, est occupée à la détruire. »

Il portait plus tard ce jugement singulièrement applicable à notre régime actuel : « Sans institutions locales, une nation peut se donner un gouvernement libre ; mais elle n'a pas l'esprit de liberté. Des passions passagères, des intérêts d'un moment, le hasard des circonstances peuvent lui donner les formes extérieures de l'indépendance ; mais le despotisme, refoulé dans l'intérieur du corps secial, reparaît toujours à la surface. »

Dans le préambule du décret du 25 mars 1852 sur la décentralisation, Napoléon III tenait le langage suivant :

« Considérant qu'on peut gouverner de loin, mais qu'on n'administre bien que de près ; qu'en conséquence, autant il importe de centraliser l'action gouvernementale de l'État, autant il est nécessaire de décentraliser l'action purement administrative... »

L'empereur, malheureusement, n'entendait que la décentralisation au profit des agents de l'Etat, tendance qu'on peut remarquer, aujourd'hui, chez les hommes qui sont au pouvoir. Si, au contraire, le gouvernement impérial avait investi le pays, les mandataires des communes et des départements, nous serions parvenus sans secousse aux mœurs, à l'aptitude et au régime constitutionnels.

Le comte de Chambord lui-même, frappé sans doute des effets que produisaient sous ses yeux, en Autriche, les réformes décentralisatrices, exprimait publiquement, dans une lettre datée du 14 novembre 1862, le souhait que la France fût dotée du *Self-Government local.* « ... La décentralisation administrative, disait-il, n'est pas moins indispensable pour asseoir sur de solides fondements le régime représentatif, juste objet des vœux de la nation... »

Depuis 1862, MM. de Rémusat, Laboulaye, Le Play, Léonce de Lavergne, Odilon Barrot, Batbie, Taine, Prévost-Paradol, Lanfrey, Paul Leroy-Beaulieu, Émile de Girardin, Paul Laffitte, Émile Cossé, etc., etc., ont publié sur la décentralisation des travaux estimés dont on n'a malheureusement pas tenu compte, car l'application du remède qu'ils ont unanimement proposé était le seul moyen de rendre la France à elle-même et de lui faire reprendre la place qu'elle occupait naguère dans les conseils de l'Europe.

Nous citons, pour finir, le passage suivant d'un ouvrage de M. Lanfrey, ayant pour titre : *Études et Portraits politiques :*

« ... La centralisation à la base et la liberté au sommet, tel est le plan uniforme de nos conceptions politiques, de quelque opinion qu'elles procèdent. C'est à ce contre-sens qu'on doit principalement attribuer la caducité précoce dont le régime constitutionnel a été atteint en France. De là ce dépérissement mystérieux, inexplicable, qui se dissimulait sous les apparences les plus brillantes, qui était signalé par les moins clairvoyants, et dont personne ne savait pourtant pénétrer ni l'origine, ni la vraie nature. Aujourd'hui, à force d'y songer, on est presque arrivé à comprendre qu'avec des individus annihilés par une administration qui partout se substitue à leur activité sous prétexte de les dispenser de la pénible obligation de faire leurs propres affaires, les plus belles Constitutions demeurent stériles. Le régime constitutionnel vit surtout de mouvement intérieur. Or, la centralisation ne se développe qu'aux dépens de ce mouvement. Plus ses attributions s'étendent, plus on voit augmenter l'inertie de la nation, et par suite l'immobilité du gouvernement, à moins qu'il ne se jette dans les grandes entreprises militaires, remède souvent pire que le mal.

« Aussi, les esprits qui ont médité sur les dernières phases de notre histoire, jugent généralement que pour fonder en France la liberté avec quelque chance de durée, il ne suffit pas de donner une tribune à quelques beaux discours ; il faut intéresser directement au maintien des institutions la grande masse des citoyens. Ce résultat, on ne peut se flatter de l'avoir obtenu en leur reconnaissant une part de liberté infinitésimale et pour ainsi dire abstraite ; ce qui leur faut, c'est une participation active et personnelle à toutes les affaires qui les touchent et qui sont à leur portée...

« ... Ce qui fait qu'il y a si peu de gens chez nous pour s'intéresser à la chose publique, c'est qu'il n'y a pas, à proprement parler, de chose publique. Les biens que ce mot désigne, l'administration est habituée à les considérer comme sa propriété. Le Code civil dit cependant, au chapitre de la tutelle, que tous les biens du mineur lui seront rendus à l'époque de sa majorité. »

Nous livrons ces lignes aux méditations de nos lecteurs.

CONCLUSION

Le développement du fonctionnarisme, qui est la conséquence obligée de la centralisation, est non seulement ruineux pour le pays et attentatoire à la liberté, il est nuisible à la Société et à l'État. Il nuit à l'État parce qu'il augmente sans cesse ses dépenses et lui impose une besogne accablante qui lui fait négliger la direction des grands intérêts du pays. Il nuit à la Société parce qu'il la prive d'une force active et féconde qui devait produire et ne fera jamais que consommer.

« L'homme qui entre à vingt ans dans une fonction publique, a dit dans un de ses plus beaux discours M. Jules Delafosse, est une force perdue, une existence à peu près détruite. Sa jeunesse, sa puissance créatrice, ses facultés actives sont à l'heure même frappées d'une sorte de paralysie professionnelle qui les rend à jamais stériles. Il devient une sorte de parasite vivant de la substance des autres, mais n'apportant rien par lui-même au fonds social, par conséquent une cause d'appauvrissement. »

Dans le régime de la décentralisation ou du *Self-Government local*, non seulement il n'y a que peu de fonctions, mais beaucoup d'entre elles ne sont pas rétribuées; ce sont des fonctions honorifiques qui sont fort recherchées par les hommes qui ont des connaissances pratiques et auxquels la fortune, ayant fait des loisirs, recherchent les moyens d'être utiles à leurs semblables.

On comprendra que, dans ce système, les économies à réaliser sur notre administration seraient considérables. D'après des calculs reconnus exacts, ces économies dépasseraient l'énorme chiffre de 500 millions

Or, le dégrèvement d'une pareille somme, sur notre budget qui n'est jamais en équilibre, permettrait non seulement d'améliorer nos finances, mais d'accomplir les réformes urgentes que réclame le pays depuis si longtemps. On pourrait surtout, en dégrevant l'impôt foncier, les droits de mutation et les impôts sur les objets de consommation qui sont l'obstacle principal au développement de la prospérité agricole, améliorer le sort des classes moyennes et, surtout, celui des classes ouvrières sur lesquelles le poids de ces impôts se fait si lourdement sentir.

Qu'on y réfléchisse bien. La démocratie française n'a pas de problème plus important à résoudre que celui de la décentralisation. De sa solution dépend le maintien de la République, car aucune des réformes qui sont nécessaires pour la consolider n'est réalisable qu'à cette condition.

Senlis. — Imp. Nouvien.

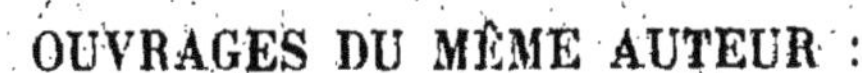

OUVRAGES DU MÊME AUTEUR :

De la Suppression des Octrois et de leur Remplacement
(Paris, Guillaumin et Ce, 14, rue Richelieu).

La Réforme du Régime parlementaire (Même Librairie),
sous le pseudonyme de : A. de la Croiserie.

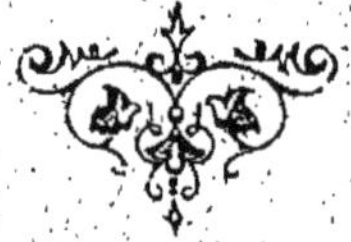

www.ingramcontent.com/pod-product-compliance
Ingram Content Group UK Ltd.
Pitfield, Milton Keynes, MK11 3LW, UK
UKHW022120260726
13993UKWH00003B/1138